MOONLESS NIGHT

Noche Sin Luna

Francisco Henriquez

Translated By Ariel Francisco

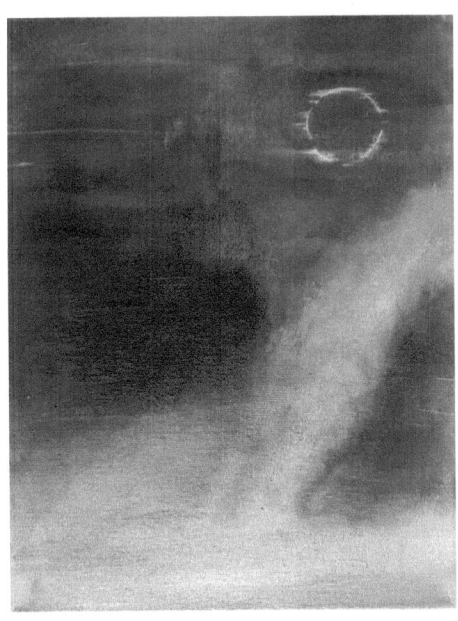

SPUYTEN DUYVIL
New York City

Acknowledgments

Grateful acknowledgement is made to the following literary magazines where some of these poems first appeared, sometimes in earlier forms:

The Acentos Review: "Insomnia", "Poem for the Sea", "Silence's Shadow"

Collective Unrest: "Hunger Cruise", "The River"

ELKE: A Little Journal: "The Silence of the Poor", "Sonnet 1977"

Glass Poetry: "Song and Word"

Hinchas de Poesia: "Goodbye", "To a Poet", "The Universe"

Newfound: "Sonnets of the Apocalypse"

Pilgrimage: "Everything Depends", "Forgetting", "Hurricane Irma", "Postscript Poem", "The Snail"

Small Orange: "Fragments From Origins and Ravings"

ISBN 978-1-963908-29-9

Cover art © Otto Amin

Library of Congress Control Number: 2024944944

TABLE OF CONTENTS

MOONLESS NIGHT

NOCHE SIN LUNA

DESPEDIDA

Alguna vez me iré
y no habrá tren
tan largo
que las ansias
ni trompeta que suene
más que un hasta siempre.

Y cuando el tren
se pierda en el horizonte
y la rosa y su olor
ya se hayan ido
despertaré del sueño
que siempre dibujó
mis ojos.

GOODBYE

One day, I'll leave
and the train won't be
as long as these longings
and there won't be
a trumpet that sounds
longer than forever.

And when the train
is lost to the horizon
and the rose with its scent
has already gone
I'll awaken from this dream
my eyes have drawn.

SOMBRA DEL SILENCIO
dedicada a mi madre

Me quedé mirándola fijamente
en blanco y negro
buscando
en el brillo
de sus ojos
el deseo perdido.

No parpadeaba al mirarla
ella me miraba también
buscando en mi
la realidad de una vida
que no se acaba.

Miraba su boca
su nariz
y hasta su frente
y todo el rostro
Maravillado por el misterio.

Yo, parpadeaba
de tanto mirarla
ella, no.

Yo sonreía, mirándola
de arriba abajo,
desde el cuello
hasta la última brisa
de su pelo negro,
y ella, ni siquiera
una mueca de vida,
sólo, una sombra de silencio.

SILENCE'S SHADOW

for my mother

I stared, fixated
in black and white
searching
the brightness
of her eyes,
lost longing.

I didn't blink
she stared back at me
seeking
the reality of a life
that won't end.

I saw her mouth
her nose
even her facade
and whole face
marvelous in its mystery.

I blinked
from staring so much,
no.

I smiled, seeing
from above and below
from neck
to the final breeze
of black hair,
and her, no
life in her lips,
only silence's shadows.

Así, me quedé dormido,
mirándola
y desperté con ella
en mi mano izquierda
con mi pulgar
acariciando la foto.

Like this I slept
staring
and awoke to her
in my left hand
my thumb
caressing the photo.

SONETO, 1977

Y seguirán muriendo el sol y el viento
y la lluvia remoja mi destino,
porque el tiempo me vuelve un peregrino,
porque sólo es frialdad, lo que yo siento.

La tempestad del luto me enloquece
y veo las casuchas navegando
y los niños que aún viven pensando
en la armonía triste que empobrece.

Y morirá el aliento remembrado,
el canto y las gaviotas de mi tierra,
las esperanzas, el sol, que ya se entierra

en el altar solemne desterrado.
y miraré la herida que no cierra
y el llanto en mi casucha acumulado.

SONNET, 1977

Now the sun and wind will continue to die
and rain soaks my destiny,
because time reverts me to a pilgrim,
because it's only coldness that I feel.

The storm of mourning drives me crazy
and I see the slums sailing
and the children who still live thinking
of the sad harmony that brings poverty.

And the remembered breath will die,
the song and seagulls of my world,
the hopes, the sun that buries itself

in the solemn altar, banished.
And look at the wound that won't close
and the cries of my accumulating slums.

CRUCERO DE HAMBRE

Se comieron el mar
bebiéndose las piedras
se alejaron las costas
desnudas de cangrejos.
Nubes amotinados,
como cocos heridos
secuestraron la luna
que guiaba balsas.
Las piedras no brillaban,
la arena se encendía,
la isla se enterraba
con el olor del frío.
Las tripas anunciaban
escandalosos truenos
el hambre se hizo diosa
del mar y las miradas.
No cruzaron jamás
el amplio enredo,
se convirtió en balsa
estropajo de hielo.
Los gritos de burbujas,
los adioses quebrados
mordidos por los islas.

HUNGER CRUISE

They ate the sea
they drank the rocks
the coasts fled
no crabs in sight.
Scattered clouds,
like wounded coconuts
kidnapped the moon
that guided rafts.
The rocks don't shine,
the sand ignited,
the island engulfed
in the stench of winter.
The guts announce
scandalous thunder
hunger made itself goddess
of the sea and gazing.
They never crossed
the wide entanglement,
it turned into a raft
frozen in ice.
The screaming bubbles,
the broken goodbyes
bitten by two islands.

FRAGMENTO DE ORÍGENES Y DESVARÍOS

Que será de los que no dijeron
siquiera una silaba del canto;
de los proclamadores del descanso,
de los envenenados por la calma;
que será de los que no tuvieron ojos
para mirar de cerca la nostalgia
y abrazarse a lo dulce y a lo amargo
sin disecar un poco la sonrisa;
que será de aquellos que se fueron,
sin esperar que pasara la lluvia;
que prefirieron irse enloquecidos
y no esperar el toque de trompetas;
que será del papel manchado en blanco;
del lapiz decapitado y triste;
del verso sordo, amordazado;
que será ? No se, pero se an ido.

FRAGMENTS FROM "ORIGINS AND RAVINGS"

What of those who didn't sing
even one syllable of the song,
of those proclaimers of rest,
of those poisoned by calm;
what of those who didn't have eyes
to see up close the nostalgia
and embrace the sweet and bitter
without dissecting their smiles;
what of those that left
without waiting for the rain to pass,
who preferred to leave crazed
and not await the trumpets touch;
what of the paper stained in white,
of the pencil decapitated and sad;
of deaf, gagged words; what of them?
I don't know, but they've left.

A UN POETA

Para Lupo Hernández Rueda

Hoy puedo pensar en ti
poeta
como pienso
en la caricia
o el encanto
o las sílabas de un nombre
que promueven tu verso.
Pienso en que aún
sigues naciendo
con las nubes de otoño
o el Sol de primavera
que tu poesía es hoja
del encanto
y que tu verso
es trueno
que me alumbra.

TO A POET

for Lupo Hernández Rueda

Today I can think of you
poet
like I think
while caressed
or charmed
or the syllables of a name
that champions your poems.
I think that even though
you're reborn
with the autumn clouds
and spring sun
your words are leaves
of a spell
and your poems
illuminating
thunder.

EL UNIVERSO

El Cielo envejeciò
de tanto ser azul.
La Luna, quedò enredada
en un panal de estrellas.
El Sol, después de tanta paciencia
(millones de años luz)
ha pasado su vida
soñando con el fuego.

THE UNIVERSE

The Sky grew old
from being so blue.
The Moon was tangled
in a honeycomb of stars.
The Sun, after so much patience
(millions of lightyears)
has lived his life
dreaming with fire.

EL RIO

Yo vi los callejones correr
detrás de la gente
y a los barrios llorar
con las goteras de sus casas
vi los hoyos de las calles
como ojos abiertos de locuras,
vi también los niños desnudos
con panzas dibujadas de parásitos
y también vi los cangrejos muriéndose
sin lodos en las turbias aguas
de un Ozama maltratado por el tiempo.

THE RIVER

I saw the alleys running
after the people
and crying towards the slums
I saw the potholes in the street
like the open eyes of madness,
I also saw the naked children
their stomachs drawn with parasites
and I also saw the dying crabs
mudless in the turbid waters
of the Ozama, mistreated by time.

DE LA CENIZA A LA FLOR

I

Fue tu mirar silencio oscuro
una sombra floreada de misterios
que el año trajo en su plumaje frío.

Alfombra entre las nubes
sonrisa entre las flores
coros de multitudes en el cielo.

La paloma ya no trae los mensajes
se fueron con la brisa de la playa
y quedaron las piedras con su brillo.

La noche se congela sin un grito
la ternura utopía que no vuela
esperando la luz de las tinieblas.

FROM ASH TO FLOWER

I

It was your dark and silent stare
a shadow flowered by mysteries
brought in with the years cold plumage.

Rug among the clouds
smile among the flowers
multitude of choirs in the sky.

The pigeons no longer brings messages
they left with the ocean breeze
and only the bright rocks remained.

Night freezes soundlessly
the tender utopia that doesn't return
waiting for the light of darkness.

II

En torno a la silueta está tu nombre
grabado en letras largas
con tinta de la selva.

Hoy miro tus cabellos
peinados por el tiempo
esperando mis manos en silencio.

Mi pensamiento es tuyo
y tu voz es mi boca
que te llama con besos.

La despedida, nunca
bienvenida, tal vez
ahora y en la hora, amén.

II

Surrounding the silhouette is your name
written in large letters
with jungled ink.

Today I see your hair
combed by time
silently awaiting my hands.

My thought are yours
and your voice is my mouth
that calls you with kisses.

The farewell, never
hello, maybe
now and on the hour, amen.

III

De cuando en vez de vez en cuando
sigo pensando en ti
muriéndome de años.

¿Desojar margaritas, para qué?
Si el amor no es ruleta
ni el cariño ajedrez.

Y tal vez hubo fuego
y cenizas no quedan
que tiznen este verso.

III

From time to time to time to time
I keep thinking of you
killing years off my life.

Unhook daisies, for what,
if love isn't a roulette
nor caring chess?

And maybe there was a fire
but ashes that smudge
this page don't stay.

EL SILENCIO DE LOS POBRES

En la otra cara
el diluvio recobró
su fuerza roja,
y uno a uno
los adelantados
recorrieron
las orillas de fuego—
secarse las lágrimas
con algodones tibios
la mueca del silencio
no alumbró
lo suficiente
para encender la calma
de los seres de cera
a un paso
el gigante se encontraba
cuando estalló
el silencio de los pobres.

SILENCE OF THE POOR

On the other face
the flood recovers
its red strength,
and one by one
the advancers
traverse
the fiery edges—
dry your tears
with a warm cloth,
the grin of silence
doesn't illuminate enough
to ignite calm
in the wax beings,
just steps away
you'll find the giant
when the silence of the poor
explodes.

HOY COMO AYER

La vida es una Paloma mensajera
que duerme en un cielo nublado
y el suspiro del río
enloquece las algas
que lloran con el musgo.
La sonrisa del cuervo no es el canto
que enaltece su negrura.
Hoy como ayer los pétalos de la rosa
no encuentran su perfume,
ya olvidado en las vidrieras
junto a las sombras
de gigantescos coros de lamentos.
La sonrisa del niño
es el llanto del futuro
y los ancianos mendigan la muerte
como un pan
que la vida nunca les brindó.

TODAY LIKE YESTERDAY

Life is a messenger pigeon
sleeping in the clouded sky
and the rivers sigh
surprises the algae
that cries with the moss.
The crows smile is not the song
that exalts its blackness.
Today like yesterday the rose petals
can't find their perfume,
forgotten in the stained glass windows
together with the shadows
of gigantic choirs of lament.
The child's smile
is the future's wheel
and the elderly beg for death
like the bread
life never offered.

TODO DEPENDE

No están lejos las estrellas,
tenemos la mirada
tan pequeña;
El mar no es tan salado,
nos falta paladar
para comprenderlo;
El sol no es tan caliente
sólo espera el invierno
y verás su hipocresía;
La luna no es tan loca
es sólo una meretriz más
del sol.
La tierra no es tan pesada
es liviana
porque casi nadie
tiene los pies sobre ella.

EVERYTHING DEPENDS

The stars aren't so far away,
we just have such small sight;
the sea isn't so salty,
we just have to taste it
to understand;
the sun is not so hot,
just wait till winter
and you'll see its hypocrisy;
the moon is not so mad,
it's just another one
of the sun's tramps;
the ground is not so heavy,
its light
because so few people
are grounded.

EL CARACOL

Se enfureciò de luz
la sombra
cuando
el caracol
dormia
su angustia salada.

THE SNAIL

Fury of light
on the shadow
when
the snail
slept
its salted anguish.

PARA ELLA

Con la sonrisa guardada en mi cabeza,
suena mi voz de lejos buscando
/tu caricia,
y es mi canto el avión que vuela en
/tu garganta
para pedirte el beso que me debes,
después de tanto tiempo
/de extrañarte.

FOR HER

With your smile hidden in my head,
I dream my voice is searching from a distance
/your caress,
and my song is the plane that flies in
/your throat
to collect the kiss you owe me
after all this time
/missing you.

¿OLVIDAR, PARA QUÉ?

Podría haberte olvidado
pero mis días
tienen más de 24 horas
y tus labios
más calor
que todos los fuegos.

No puedo olvidarte
porque eres memoria
y la historia de tus ojos
lo dicen
con tu mirada
de deseos.

El olvido no existe
en mi discurso
porque tú lo escribiste
con el volumen azul
del beso eterno.

Olvidar para qué?
Si es el recuerdo
compañero cercano
de esos momentos
que entibian el corazón.

A veces olvidar es recordar
por el afán terrible
de buscar en la memoria
los fragmentos perdidos
de esos momentos
únicos en dulzura.

WHY FORGET?

I could have forgotten you
but my days
are longer than twenty-four hours
and your lips
hold more color
than every fire.

I can't forget you
because you're a memory
and the history of your eyes
is told
by the look
of desires.

Forgetting doesn't exist
in my vocabulary
because you wrote it
in the blue notebook
of the infinite kiss.

Why forget
if you're the memory,
close companion
of those moments
that warm the heart?

Sometimes forgetting is remembering
due to that terrible eagerness
of searching memories
the lost fragments
of those moments
singular sweetness.

Y ya no me acuerdo si te olvido
o te recuerdo
solo sé que fuiste y no serás
aunque tenga la memoria
manchada de tu nombre.

And now I can't recall if I've forgotten you
or if I remember,
all I know is you left and won't be
even if my memory
is stained with your name.

(SONETO)

Quisiera recordarte y estás muy lejos.
quisiera escucharte y tu voz no me suena.
me quedo esperando tu amor, los reflejos.
cual el reo perpetuo que espera condena.

No escatimaré el encanto de un beso.
el toque de tus manos y de tus pechos.
Escarbaré tu cuerpo entre los lechos.
De aquellas noches en que hoy me siento preso.

Que te puedo ofrecer, sólo mis dientes,
O mis manos mis ojos, mi esqueleto,
Que de tus ansias siempre está repleto.

Que ya no sabe lo que es ser paciente
Que muere lejos como el sol ardiente
Y vive en luna de tu amor completo.

(SONNET)

I want to remember you and you're too far.
I want to hear you and your voice doesn't reach me.
I stay awaiting your love, those reflections,
the perpetual river awaiting conviction.

I will not spare the spell of a kiss,
the touch of your hands and breasts.
I'll carve your body into the bed
of those nights that bind me today.

What can I offer you— only my teeth,
or my hands or my eyes, my bones
filled with longings.

I no longer know patience
that dies far off like the burning sun
and lives on the moon of your consuming love.

CANCIÓN Y PALABRA

La canción
conjuga con el viento
la sonoridad
de la vida.
La palabra
como alacrán de ternuras
te pica profundamente
el corazón
que todavía sangra.
La canción es la nube
empapada de alegría
que permea la vida
de sílabas y mieles.
La palabra
es el don innegable
que dioses mancos
calcaron con la lengua
haciéndose verbo
y carne iluminada.

SONG AND WORD

The song
conjugates with the wind,
the richness
of life.
The word
like the scorpion of tenderness
that stings your heart
so deeply
you're still bleeding.
The song is a cloud
soaked in joy
seeping into the life
of syllables and honey.
The word
an undeniable gift
that deformed gods
traced with their tongues,
becoming verbs
and flesh illuminated.

POEMA ESCRITO UN SÁBADO

Deshojando un zapato
busco
la armónica delicia
de un pie decapitado.
La lengua invita
a caminar un poco
a la sonrisa.

POEM WRITTEN ON A SATURDAY

Stripping off my shoe
I search
for the delightful harmonica
of a decapitated foot.
The tongue invites
the smile
to walk a little.

Hoy eres agua
y mañana serás sol
que me quemará.

Today you are water
and tomorrow you'll be the sun
that burns me.

HURACÁN IRMA

Hoy te espero
y no te quiero
pero te espero
con tu collar de agua
y tus ojos de nube.
Hoy te espero
con el corazón lleno de ternura
y de espanto
con la boca roja
y los dientes fríos
para darte un beso malicioso.
Hoy te espero
porque sé que te iras
antes de llegar
porque tus días
están contados
por cada gota de agua
que llora el cielo.
Hoy te espero
y sin paraguas
porque no tienes piel
ni sabes llorar
porque solamente tienes
un solo ojo
y muchas direcciones.
Hoy te espero
con una taza de café en la mano
y en la otra una lámpara
porque tu oscuridad no me asusta

HURRICANE IRMA

Today I wait for you
and do not love you
though I wait for you
with your necklace of water
and clouded eyes.
Today I wait for you
with a tendered
and terrored heart
with a red mouth
and cold teeth
for a malicious kiss.
Today I wait for you
because I know you'll go
before you come
because your days
are dwindling
with every drop
the sky lets down.
Today I wait for you
without umbrella
because you have no skin
and don't know how to cry
because you only have
one eye
and endless directions.
Today I wait for you
coffee in one hand
and a flashlight in the other
because your darkness doesn't scare me

pero te quiero
en el instante que mueres
y naces
en el instante que pasas
en el instante que llegas.
Hoy te espero
y te daré el abrazo
que siempre he querido
darle al Mar.

but I love you
in the instant you die
and are born
in the instant you pass
in the instant you come.
Today I wait for you
and I'll give you the embrace
that I've always wanted to give
the sea.

HAIKU

Ahora llueve
el jueves de Vallejo
pero no es París.

HAIKU

Now it rains
on Vallejo's Thursday
though this isn't Paris.

PALABRAS

La risa
remedio incierto
de la tristeza segura.
La lluvia
bálsamo fresco
para la tierra
sin luna.
La rosa
es una razón
para que el amor
no muera.
El beso
es la carretera
donde el alma
se ennoblece.
Las nubes
son los pensamientos
del cielo.
La flecha
es el eco
del grito
del indio.
La poesía
es una mentira
pero muy sincera.

WORDS

Laughter
is the uncertain remedy
of certain misery.
Rain
is a fresh balm
for a moonless
Earth.
The rose
is a reason
for love
to live on.
A kiss
is the road
that ennobles
the soul.
Clouds
are the sky's
thoughts.
The arrow
is an echo
of the natives
shout.
Poetry
is a lie
but a sincere one.

¿DÓNDE ESTÁS, ILUSIÓN?

Quiero saber donde te encuentras
ilusión
o dame una señal de humo
corazón.
No se si estás muy lejos
perdición.
o si te encuentras cerca
bendición
Pero dame señales
de algodón
o enviame tu risa
por avión.
Y si no quieres verme
lo lamento
pues yo te estoy mirando
desde lejos.
Será que ya no existes?
que dolor
o volviste a nacer
en mi interior.

WHERE ARE YOU, ILLUSION?

I want to know where I'll find you
illusion,
or send me a smoke signal
love.
I don't know if you're too far
doom,
or if you're close
blessing.
But give me a soft
sign
or send me your laugh
by plane.
And if you don't want to see me
I'll lament,
looking at you
from afar.
Perhaps you no longer exist?
What pain, or were you reborn
inside me?

POEMA A JULIA DE BURGOS

Estoy sentado en el soliloquio
de una realidad decadente
y armoniosa,
donde el deseo es dolor
y la carne una quimera,
sigo cabalgando
con lagrimas,
en el caballo de la risa,
esperando el momento
del espanto.

POEM FOR JULIA DE BURGOS

I'm sitting in the soliloquy
of a decadent and harmonious
reality
where desire is pain
and the flesh is a chimera.
I keep riding
tearfully
on the horse of laughter
waiting for the moment
of the ghost.

ESTATUA

Estatua blanca
que de frente te asustas
con colores de hierro
de marfil y de rosas.
Estatua que es la luz
de los misterios
del deseo falaz
de algunos sueños.
Estatua impostergable
abultada en asombro
estatua inmarcesible
que en la mano se rompe.
Estatua deseada
por un millón de muertos
estatua que se escapa
con su esqueleto inmenso.

STATUE

White statue
whose facade frightens
into rust,
ivory, and roses.
Statue, that light
of the teachers
of false desire
of some dreams.
Imperative statue
bulging with astonishment.
Unfathomable statue
that would break in my hands.
Statue desired
by a million dead.
Statue that escapes
with its immense skeleton.

HAIKU

A tu lado soy
la sombra de la luna
que aun te inventa.

HAIKU

By your side I am
the moon's shadow
that invents you.

PENSAR EN TI

Hoy no he de pensar en ti
pero miro por la ventana
y la noche dice tu nombre.
Hoy no debo pensar en ti
pero el árbol del patio
se columpia por ti.
Hoy no puedo pensar en ti
pero hay razones
que niegan esa teoría.
Hoy no siento pensar en ti
pero el reloj
me pregunta por ti.
Hoy no quiero pensar en ti
y el corazón me dice: *mentiroso*.

THINKING OF YOU

Today I will not think of you
but I look out the window
and night tells me your name.
Today I shouldn't think of you
but the tree in the backyard
sways for you.
Today I can't think of you
but there is evidence
that refutes this theory.
Today I don't feel like thinking of you
but the clock
asks about you.
Today I don't want to think of you
and my heart says: *liar.*

SOMBRA DE LUZ

Sombra de luz
La blanca aroma que ilumina la noche.
El acorde de su piel que armoniza
con la luna.
La noche envidia
Su sonrisa
Y el sol no ha salido pero piensa en ti,
en la sonrisa invisible
de unos labios que sueñan
con el beso que aún no le han dado.

SHADOW OF LIGHT

Shadow of light
white aroma that illuminates the night.
The chord of your skin that syncs
with the moon.
Night envies
your smile
and the sun has not come out but to think of you,
in the invisible smile
on lips that dream
of a kiss never given.

INSOMNIO

Alacrán que no duerme
serpiente con alas llenas de noche
un rió que apenas disfruta de su orilla
mágico enemigo de los ojos

cañón con balas de misterios
camino que no termina
y te lleva al lugar donde no vas
eres así, algo como un espejo
donde no me veo

una sonrisa con lágrimas
un mar de sales condenadas.

A ver la luz en la oscuridad
de una noche obligada
a ignorar a la almohada
y darle paso a la pesadilla
de estar despierto.

Mosca que zumba
el extraño ruido del silencio
gimiendo el dolor de estar vivo
cuando la muerte
es un cangrejo
que camina entre sabanas
y estrellas.

INSOMNIA

Sleepless scorpion
serpent with night filled wings
a river that hardly enjoys its shores
magical enemy of the eyes

cannon with mysterious shells
endless walkway
that takes you to the place you don't go,
you are like this, something like a mirror
where I don't see myself,

a crying smile
a sea of condemned salt.

To see the light in darkness
of a forced night
to ignore the pillow
and give way to nightmares
of being awake.

Fly that digs
the strange sound of silence
moaning the pain of being alive
when death
is a crab
that walks between the sheets
and stars.

Debo dormir
te grito
con hambre de paz
y de bostezos

Debo dormir
con la sangre hirviendo
en tus tinieblas

Debo dormir
con mis ojos prestados
y el corazón a tientas.

I should sleep
I scream
with a hunger for peace
and yawn

I should sleep
with boiling blood
in this darkness

I should sleep
with my borrowed eyes
and groping heart.

LO IMPOSIBLE

No vive impedida
la paloma que sueña
ni tropieza la brisa
con nada que la envuelva;
Y no se niega el mar
a salar cuanto quiera
ni muere la gotera
cuando rompe la piedra;
No ha de impedirse el rumbo
del aire que respiras
ni ha de negar la sangre
su dolor de ser vida.

THE IMPOSSIBLE

The pigeon that dreams
doesn't live impeded
and doesn't stumble in the breeze
with nothing that swallows it;
and it doesn't negate the sea
from salting when it wants to,
the leak doesn't die either
when the rock breaks;
you do not have to disrupt the route
of the air you breathe
or neglect your blood
for your pain to be real.

LA TERNURA

I

Lo único que ennoblece el alma
es la ternura
único bálsamo
que aclara nuestras tinieblas
rosa perseguida
por los antípodas
y cojos de pensamiento
Es la ternura
con su corona de espinas
y perfumes
llovidos del cielo
con aromas sempiternas
y colores bordados
en la piel de la luna
lo único que enorgullece el alma
es la ternura
la que sale del grito
del recién nacido
o de canto hondo
de un gitano extraviado.

TENDERNESS

I

The soul is only ennobled by
tenderness
the single balm
clearing our darkness
rose persecuted
by antipodes
and lame thoughts
it's tenderness
with a thorned crown
and perfumes
rained from the sky
everlasting aromas
and embroidered colors
of the moon's skin
the only thing that makes the soul proud
is tenderness
one that comes from the cry
of newborns
or the deep song
of a lost wanderer.

II

La ternura
no es el espanto
es el aroma
de los tiempos del amor
es la colmena de deseos
que anidan en el espíritu
para conquistar la gloria.

La Ternura no es un dolor
es un sentir húmedo
que la vida nos riega
para que el corazón
se llene de flores.

La ternura nos da el pan
de besos
para que nuestra hambre
sea la vida.

La ternura camina
como hormiga silenciosa
esperando una migaja
de dolor
para endulzar la vida.

II

Tenderness
isn't the ghost
it's the scent
of love's time
it's the hive of desires
that nest in the spirit
to conquer glory.

Tenderness isn't pain
it's a humidity
life waters us with
to fill the heart
with flowers.

Tenderness gives us the bread
of kisses
so that our hunger
becomes life.

Tenderness walks
like a silent ant
waiting for a crumb
of pain
to sweeten its life.

OLVIDO

Te olvidas
Que ese olvido
Que predicas
No es más que
Un recuerdo profundo
Guardado en los rincones del alma.
Que por más que olvidemos,
recordamos lo inalcanzable,
lo que no fue,
y es ahora una realidad imaginaria
y útil para la memoria que se extingue.

FORGETTING

You forget
that you've forgotten
what you preach,
it's no more than
a deep memory
hidden in the soul's corners
no matter how much we forget
we remember what's unattainable,
what never was,
an imaginary reality
useful to the extinguished memory.

POÉTICA

La sola palabra
escondida se encuentra
en la única sombra
de una mano invisible.
La mirada extraña
de una sílaba sorda
acelera la brisa
y la calma del sol.
La única sonrisa
de un verbo que revive
se estira entre los dientes
de una poesía loca.
Solamente una vía
de la escritura inmensa
sacar desde la tierra
la flor de las estrellas.

POETICS

The single hidden
word is found in the only shade
thrown by an invisible hand.
The strange look
of a deaf syllable
accelerates the breeze
and the sun's path.
The only smile
of a reviving verb
stretches into the teeth
of a crazy poetry.
Only the way
of immense writing
can unearth
the flower of the stars.

¿QUÉ PIENSAN LAS COSAS?

¿Qué piensa la esquina de la calle?
Pensará, esta se cree que yo no existo
sin saber que soy una curva de su vida.
¿Qué pensará el clavo del martillo?
Realmente no me duelen tus golpes
Al final entiendo que me amas.
¿Qué piensan los árboles del viento?
Entendemos tu fuerza
como la caricia de un ser
que nos extraña diariamente.

WHAT DO THINGS THINK

What does the street corner think?
Does it wonder, *she doesn't think I exist*
without knowing I'm a curve in her life?
What does the hammer's claw think?
Really, these strikes don't hurt me,
finally I understand that you love me.
What do trees think of the wind?
We understand your strength
like the caress of being
that we miss everyday.

SOÑAR

Debo soñar
mas no despertar
de golpe
ante la luz
que ilumina este mundo
porque sus estrellas
no brillan
y su luna está llorando.

DREAM

I should dream
more, not awaken
from pain
before the light
that brightens this world
because its stars
don't glow
and its moon is crying.

LUZ Y SOMBRA

Una luz
la sombra
del amor
el sabor
de un rostro
con unos ojos
que iluminan
la vida
y una boca
puerta divina
del cielo.

LIGHT AND SHADOW

A light
the shadow
of love
the taste
of a face
with eyes
that illuminate
life
and a mouth
divine door
of the sky.

POEMA AL MAR

¿Espejo azul, o verde?
De miles caras
te asemejas a viento
a noche y a tormenta.
Tejes tu luz de sal
en cada roca que ilusionas
con esos golpes de marea
que a ratos marcan su tormento.
Mar, lisonjero y de espesura
Mar de amores e ilusiones
Mar que recuerdo
cuando niño
que eras un gigante
que no sabía reír.
Hoy te contemplo de lejos
añorando tu salado ruido
y tu espuma de amor
como de espermas celestiales
esperando el encuentro
con la orilla coqueta.
Tu profundidad no es tu principio
ni tu color tu monumento
el horizonte tu cómplice amigo
que hace creer que estás muy lejos,
disfrazando los barcos en lejanía
haciendo de un adiós un puerto.

POEM FOR THE SEA

Mirrored blue, or green?
From a thousand faces
you resemble a night-breeze
and a storm.
Weave your light of salt
into every rock you illusioned
with these tide strikes
that mark your torment.
Sea, flattering and dense,
sea of loves and illusions,
sea that remembers
how in childhood
it was a giant
that never learned to laugh.
Today I consider you from afar
yearning your salted sound
and your foamy love
like celestial seeds
waiting to find the flirting shore.
Your depth is not your beginning
or your color, your monument
the horizon, your friend
that makes believe you're too far,
disguising its arms in distance,
making a port of a goodbye.

DESPUÉS DE TODO

Más que nada y después de todo
tu y yo no somos más
que la suma de las imposibilidades
hecha posible
gracias a lo soñado.
Sobre todas las cosas
y debajo de ellas también
ya no le digamos Pan al Pan
ni al Vino Vino
para que nuestros gustos
sean anónimos.

AFTER EVERYTHING

More than anything and after everything
you and I are no more
than the sum of impossibilities
made possible
thanks to what is dreamed.
Above all things
and beneath them too
we no longer call bread *bread*
or wine *wine*
so that our tastes
are unrecognizable.

SONETOS DEL APOCALIPSIS

I

Se está acercando el son de las trompetas
los cielos se oscurecen en el día
y no importa la vieja letanía
que han repetido todos los profetas.

Los manuscritos están en las gavetas
de monasterios en Epifanía
bajo llovizna de la eucaristía
y la contemplación de anacoretas.

Desde cuando no llega ya el diluvio
que moja el pensamiento y la memoria
de los predicadores del efugio

de aquellos que no tienen historia
con palabras como florilegio
lavándose las manos en pretoria.

SONNETS OF THE APOCALYPSE

I

The horn's calls are approaching,
sky darkens during the day
and the old litany repeating
all the prophecies doesn't matter.

The manuscripts are in the cabinets
of the epiphany's monastery
beneath the eucharists drizzle
and the anchorites contemplation.

How long since the flood hasn't come
that drowns thoughts and memories
of elusive preachers,

of those that have no history
with a trove of words,
washing their hands in praetorship.

II

Desecha pues la vida trashumante
el contraste de Dios con lo inhumano
la soberbia aladina del hermano
la verdad de la luz en el diamante

que hace de la razón lo cotidiano
en este mundo a paso de elefante
que se aleja del sol sin dar la mano
a la canción que suena desde antes.

Salva esqueleto cruel tu cara triste
deja los huesos en las escaleras
y dale de comer al cuervo alpiste

aquel que saca ojos en carreras
de los demonios de linaje triste
que hoy ven el mar alzado en cordilleras.

II

Discard, then, this vagabond life,
the contrast of god with what's inhuman,
the superb Alladin of brotherhood
the truth of light in a diamond

that makes daily use of reason
in this elephant-paced world,
distancing itself from the sun without farewell
to the song that sounds since the beginning.

Your sad face saves the cruel skeleton,
leaves the bones on ladders
and feeds seeds to the raven,

who steals eyes on the street
from demons of tragic lineage
that today see a sea raised by mountains.

III

El diluvio no avisa cuando llega
ni llega cuando se le avisa
en un montón de cieno se divisa
su cólera de luz que es la condena.

Salvarte para qué si vives en condena
aplaudiendo sarcasmos y lisonjas
cobrándole a la vida las migajas
del dolor que dejaste acumulado.

No lo esperes con agua ni con viento
espéralo con luz con ruido eterno
no lo esperes cantando ni llorando

espéralo con velas y limosnas
con rosas, incienso o versos
de esos poetas que ya se han muerto.

III

The flood gives no warning of its arrival
and doesn't come when predicted,
on a mound of mud it divvies up
its anger of light, condemnation.

Save yourself to live condemned,
applauding sarcasm and flattery,
bring to life crumbs
of pain you let accumulate.

Don't wait for it with water or wind,
wait for it with light and eternal noise
don't wait singing and crying

wait with candles and alms,
with roses, incense or poems
from those poets that have already died.

PENSANDO EN TI

Un amanecer en primavera
una sonrisa húmeda del día
el corazón lleno de flores
y el polen de tu vida
metido en mis confines.

THINKING OF YOU

A spring sunrise
the day's humid smile
the heart filled by flowers
and the pollen of your life
hidden in me.

NOCHE SIN LUNA

La noche sin luna
la que enredó su luz
en los arboles
quemados
por el frio.
La noche que murió
en la aurora
de los angeles
tardios.
Noche sin luna
noche sin pena
noche sin alegría.
Noche arrimada al mar
buscando esa luz de queso
esa luz quebrada de octubre.
Noche sin luna
espanto negro
que se le escapó al dia
de milagro.
Noche que no duerme
que no canta
que eterniza
sus tinieblas
como espuelas
tiznadas de pesadillas.
Noche sin luna.
Espejo de la nada.

MOONLESS NIGHT

Moonless night
light tangled
in trees
burning
with cold.
Night that died
in the aurora
of the late
angels.
Moonless night
shameless night
joyless night.
Night close to the sea
searching for the orange light
the broken light of October.
Moonless night
black ghost
that escapes the day
of miracles.
Sleepless night
unsinging
eternalizing
the darkness
like spurs
stained by nightmares.
Moonless night.
Mirror of nothingness.

BRIEF TRANSLATOR'S NOTE

The poems of Francisco Henriquez speak to displacement and disorientation, which makes them perfect for the imperfect art of translation. Something is always lost, so in a sense it makes sense for that lostness to become part of the process, an essential aspect of the poems. There is a desperate searching throughout these poems that reach into the many corners of language and metaphor for answers and the unshakable feeling that time is running out. And yet, there is so much waiting throughout these lines, such patience. The desire for unity is palpable in each one of these poems (the "I" speaking to the "you", the "my" speaking to the "your", the recurring "we", light and shadow, etc) and perhaps the knowledge of what is desired suffices, even if it's not achieved.

These poems are important to me on a very personal level: Francisco Henriquez is my dad and so these words, both in Spanish and English, as well as their complexity of thought and emotion, are mine to inherit and decipher, to fill in what is lost from one language to another. This is a recognition that is difficult to engage with at times. Not a mirror but perhaps a fragmented glimpse into a possible future. An exploration of possibilities is part of the translation process but it's also at the core of these poems. They do not offer answers but they also do not pretend to either. They are pieces made up of pieces coming together to try and reflect a shattered (shattering) world.

I began this translation project about ten years ago in 2014, often talking on the phone or texting with my dad if I had any questions or if there was something in particular I wasn't quite getting in one of the poems. The poems span almost his entire adult life, the oldest dating back to 1979 (when he first immigrated to the US from the Dominican Republic) and the latest from just a few weeks ago. Being able to have these kinds of regular conversations and discussions about the poems has not only greatly assisted my translation process but it has also led to my dad writing new poems as well. The manuscript was initially titled *Moonless Earth*. During one of our discussions, for some reason, we misremembered the title as *Moonless Night*. My dad liked this better and later that night he texted me a new poem sharing that title (the closing poem of this collection). This was typical: poems were sent via text, some over email as word docs or PDF's, some were sent as photos of a decades old scrap of paper with a poem scribbled on it. One in particular was written on a piece of notebook paper I found tucked into a book he had sent me in the mail.

Though I didn't grow up reading his work (the beginning of translating this book was the first he really showed me his poetry), my dad was really my first teacher, passing along his influences to me when I first started writing. He introduced me to Pedro Mir, Mateo Morrison, and Manuel de Cabral, his literary heroes from the Dominican Republic, Otto Rene Castillo from Guatemala, Roque Dalton from El Salvador, and many many more. In retrospect, it's easier to see the influence these poets had on him over the decades: the deep lyricism, the lamenting love, the concern with country and countrymen. It's an honor to bring this decades worth of work to both an English and Spanish speaking readership. Love you Pap.

Francisco Henriquez Rosa, Santiago, República Dominicana 1957. Graduado en 1979 en el Instituto Dominicano de Periodismo I.D.P. Hostos Community College 1984, City College 1993. Colaboró en la Radio cultural WCR de City College. Ha publicado sus poemas en diarios de República Dominicana, Argentina, Nueva York y La Florida. Fue galardonado en Argentina con el 4 lugar en el Premio Internacional de poesía . Publicó un libro de aforismos en 2004 en Santo Domingo. Actualmente es fundador y director del Grupo cultural Tertulia de Orlando de la ciudad de Orlando donde reside.

FRANCISCO HENRIQUEZ ROSA was born in Santiago, Dominican Republic, in 1957. He graduated from the Dominican Institute of Journalism in 1979, Hostos Community College in 1984, and City College CUNY in 1993. He has collaborated with WCR radio at City College and his poems have appeared in literary magazines throughout the Dominican Republic, Argentina, New York, and Florida. He won 4th place in the Argentinian Prize for International Poetry. He published a collection of Dominican aphorisms in 2004 and is the founder and director of the Orlando Tertulia.

ARIEL FRANCISCO is the author of the forthcoming *All the Places We Love Have Been Left in Ruins* (Burrow Press, 2024), *Under Capitalism If Your Head Aches They Just Yank Off Your Head* (Flowersong Press, 2022), and *A Sinking Ship is Still a Ship* (Burrow Press, 2020), and the translator of Haitian-Dominican poet Jacques Viau Renaud's *Poet of One Island* (Get Fresh Books, 2024) and Guatemalan poet Hael Lopez's *Routines/ Goodbyes* (Spuyten Duyvil, 2022). A poet and translator born in the Bronx to Dominican and Guatemalan parents and raised in Miami, his work has been published in *The New Yorker, American Poetry Review, Academy of American Poets, POETRY Magazine, The New York City Ballet, Latino Book Review,* and elsewhere. He is Assistant Professor of Poetry and Hispanic Studies at Louisiana State University.

ARIEL FRANCISCO es el autor de los libros de próxima publicación *All the Places We Love Have Been Left in Ruins* (Burrow Press, 2024), *Under Capitalism If Your Head Aches They Just Yank Off Your Head* (Flowersong Press, 2022), and *A Sinking Ship is Still a Ship* (Burrow Press, 2020), y traductor de *Poet of One Island* (Get Fresh Books, 2024) del poeta haitiano-dominicano Jacques Viau Renaud y *Routines/Goodbyes* del poeta guatemalteco Hael Lopez (Spuyten Duyvil, 2022). Poeta y traductor nacido en el Bronx de padres dominicanos y guatemaltecos y criado en Miami, sus poemas ha sido publicado en *The New Yorker, American Poetry Review, Academy of American Poets, POETRY Magazine, The New York City Ballet, Latino Book Review,* y en otros lugares. Es Profesor de Poesía y Estudios Hispánicos en Louisiana State University.

www.ingramcontent.com/pod-product-compliance
Lightning Source LLC
Chambersburg PA
CBHW031436120626
46545CB00006B/2433